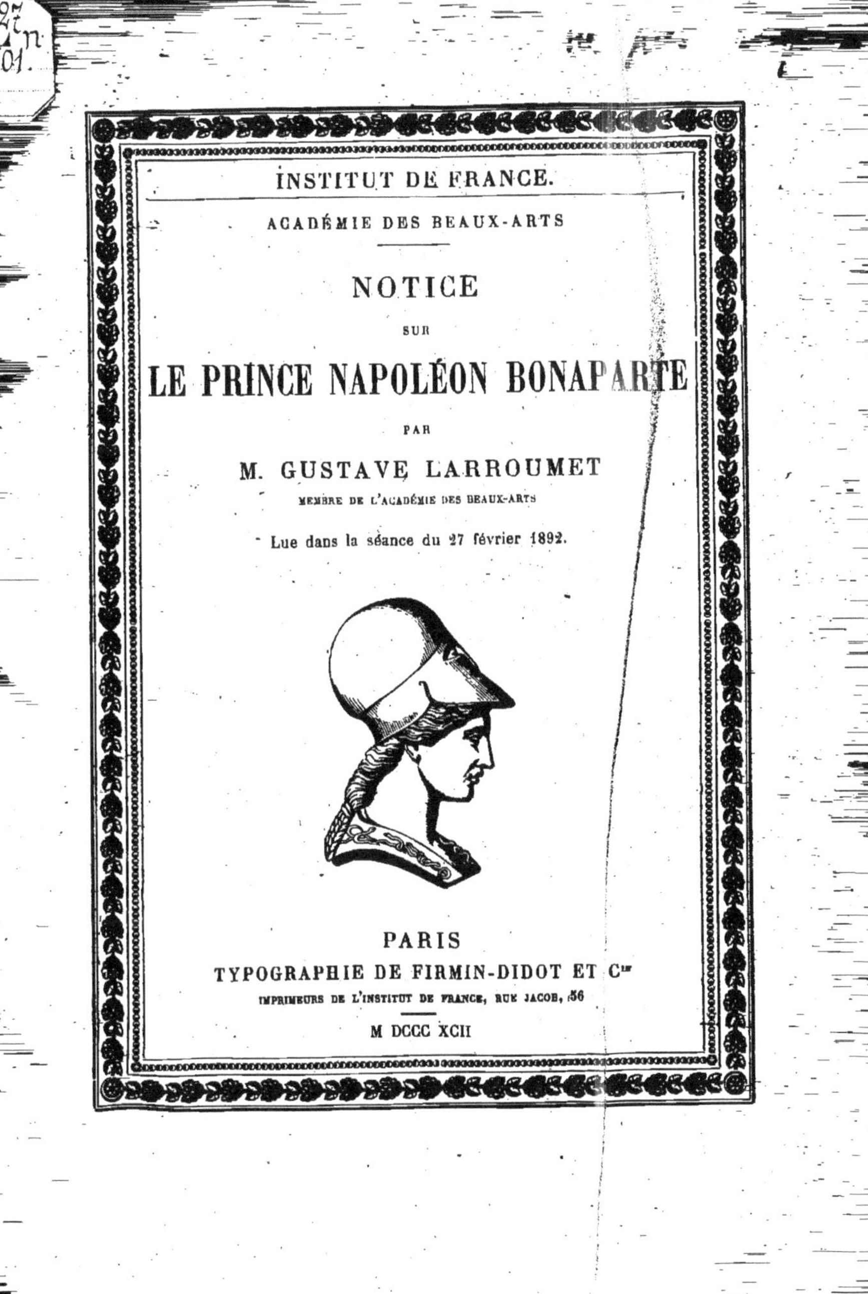

INSTITUT DE FRANCE.

ACADÉMIE DES BEAUX-ARTS

NOTICE

SUR

LE PRINCE NAPOLÉON BONAPARTE

PAR

M. GUSTAVE LARROUMET

MEMBRE DE L'ACADÉMIE DES BEAUX-ARTS

Lue dans la séance du 27 février 1892.

PARIS

TYPOGRAPHIE DE FIRMIN-DIDOT ET Cⁱᵉ

IMPRIMEURS DE L'INSTITUT DE FRANCE, RUE JACOB, 56

M DCCC XCII

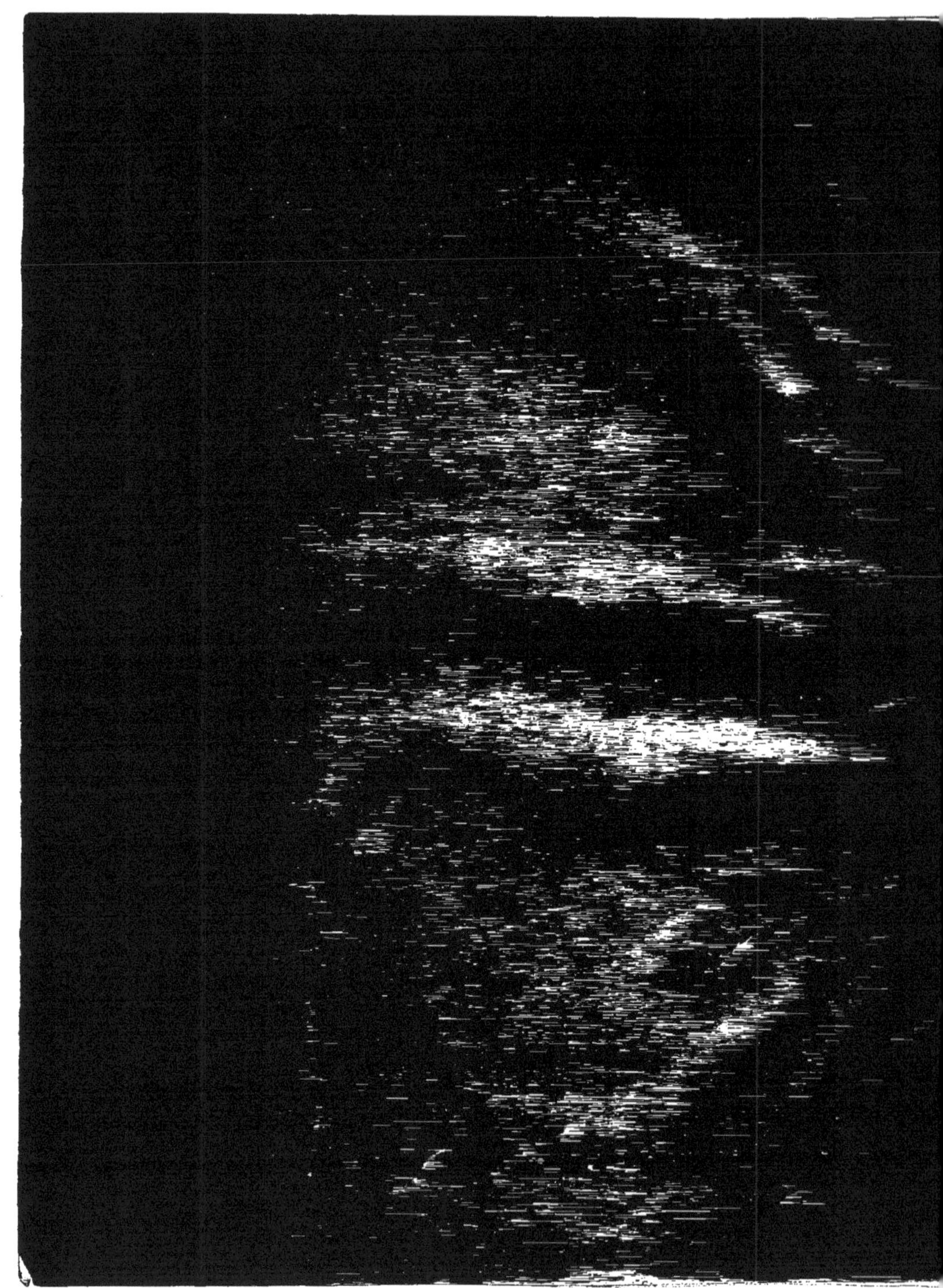

INSTITUT DE FRANCE.

ACADÉMIE DES BEAUX-ARTS.

NOTICE

SUR

LE PRINCE NAPOLÉON BONAPARTE

PAR

M. GUSTAVE LARROUMET

MEMBRE DE L'ACADÉMIE DES BEAUX-ARTS

Lue dans la séance du 27 février 1892.

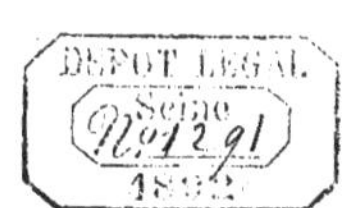

PARIS

TYPOGRAPHIE DE FIRMIN-DIDOT ET Cⁱᵉ

IMPRIMEURS DE L'INSTITUT DE FRANCE, RUE JACOB, 56

M DCCC XCII

NOTICE

sur

LE PRINCE NAPOLÉON BONAPARTE

PAR

M. GUSTAVE LARROUMET

MEMBRE DE L'ACADÉMIE DES BEAUX-ARTS

Lue dans la séance du 27 février 1892.

Messieurs,

Celui de vos confrères dont je dois retracer la carrière et rappeler les titres devant vous, le prince Napoléon Bonaparte, n'a consacré aux arts que la moindre partie de son existence, et, bien que les services rendus par lui à l'objet constant de vos travaux lui aient pleinement mérité l'honneur de siéger au milieu de vous, ce ne fut là qu'un emploi intermittent de ses hautes facultés. Héritier du plus grand nom des temps modernes, les nécessités de sa naissance, autant que ses ambitions, lui firent jouer un rôle d'une autre complication que les calmes travaux de l'artiste ou les délicates études de l'homme de goût. Il a figuré au premier rang sur la scène de l'histoire, en France et en Europe; éclatants ou néfastes, les événements auxquels il fut mêlé émeuvent toujours, par leurs souvenirs ou leurs conséquences, nos plus profondes et nos plus chères convictions de citoyens. Retracer au complet son caractère et son existence me serait donc impossible, sans manquer à des convenances qui, cette fois, sont impérieuses comme des devoirs. Dans la plupart des notices lues à cette place, le portrait artistique est d'autant plus vrai qu'il réunit tous les traits de l'homme et se détache sur le fond complet de sa vie; avec le prince Napoléon, il est indispensable de choisir et d'éliminer pour rendre une exacte justice au fervent ami de l'art et au puissant esprit qui complétaient en lui le prince et l'homme d'État.

Ce goût de l'art, et d'un certain genre d'art, était pour lui un héritage de famille, aussi bien que son nom et sa destinée, et les incidents de sa jeunesse n'avaient pu que le développer. Le fondateur de sa dynastie ne rappelait pas seulement les chefs aventureux des cités italiennes du moyen âge et de la Renaissance par plusieurs éléments de son génie; il avait comme eux, comme les Médicis de Florence, l'instinct du beau et le besoin de la noble parure qu'il met dans une grande existence. Lorsque Napoléon I⁰ʳ se fut tracé son rôle, lorsqu'il eut décidé d'imposer à la France celui d'une nouvelle Rome sous un nouveau César, il décida, avec cet esprit pratique qui faisait tout servir à un même objet, que la marque artistique de son temps serait une marque romaine. Il prit David à la Révolution pour l'attacher à l'Empire, et la peinture qu'il déclara sienne fut celle où le souvenir de l'héroïsme antique exaltait l'héroïsme contemporain; il voulut qu'avec Cartellier et Chaudet la sculpture fît revivre l'idéal de la statuaire grecque et romaine; il provoqua, par Percier et Fontaine, une transformation d'après l'antique non seulement de l'architecture, mais de l'art décoratif tout entier.

Né à Trieste, élevé en Italie, en Suisse et en Allemagne, faisant de longs voyages d'études en Angleterre et en Espagne, le fils du roi Jérôme vit à loisir les chefs-d'œuvre de la Renaissance italienne, de l'art grec et romain, des vieux maîtres allemands, des grands coloristes espagnols. Il dut à cette longue fréquentation le vif sentiment des belles choses et aussi la largeur du goût. Non qu'il renonçât à la patrie artistique où son oncle avait fixé ses préférences : il avait trop le désir de continuer la tradition napoléonienne, il était lui-même trop Latin de sang et d'esprit pour ne pas mettre l'art gréco-romain au premier rang. Ce prince, dont le masque rappelait par des caractères si accentués le type traditionnel des Bonaparte, et qui, semblable à une médaille antique, produisait comme l'évocation saisissante d'un César, ce prince voulait s'entourer d'un décor qui fût pour lui-même et pour les autres une attestation de ce qu'il était et de ce qu'il voulait être. Avec une ambition de race qui devait, jusqu'à la fin, brûler dans cette âme de feu et des convictions où le socialisme césarien se mêlait aux théories démocratiques, il se rattachait à cet esprit complexe du xviiie siècle, incrédule, railleur, confiant dans la seule raison et, avec cela, épris de grâce voluptueuse, de fine élégance et de simple beauté; esprit qui unissait l'ironie de Voltaire, le matérialisme de Diderot, l'utopie de Jean-Jacques, et, dernier contraste, l'amour de l'art populaire et raffiné que la découverte de deux villes gréco-romaines avait mis à la mode à partir de 1750 et dont l'influence renouvela pour un demi-siècle l'art français. Le jeune prince étudia Herculanum, Pompéi, le musée de Naples; il y fixa une préférence artistique grâce à laquelle il pouvait à la fois remplir une part de son rôle dynastique et satisfaire ses goûts de Français du xviiie siècle.

Le trône impérial était relevé depuis trois ans, le fils du roi Jérôme était devenu prince, sénateur et général français, lorsque, au retour de Crimée, il fut nommé président de la Commission chargée d'organiser l'Exposition universelle de 1855. Il ne considéra pas ce titre comme un honneur ajouté à tant d'autres; il voulut en remplir tous les devoirs; il sut mener à bonne fin, avec un plein succès, la tâche difficile qu'il assumait.

Aujourd'hui, les Expositions internationales sont si bien entrées dans les mœurs de l'Europe qu'elles se succèdent rapidement et que chaque pays peut avoir les siennes. En 1855, elles étaient une nouveauté pleine d'inconnu. La première idée en avait été émise en 1848 par un ministre de la seconde République française, Tourret (1) : l'incertitude du temps et des réclamations de toute sorte l'avaient fait abandonner. Échec regrettable, car, s'il est une idée digne de la France et de son génie traditionnel, c'est bien celle-là. Réunir tous les peuples dans

---

(1) Charles-Gilbert Tourret, né en 1795, mort en 1858, ministre de l'agriculture et du commerce dans le cabinet Cavaignac (20 juin — 20 décembre 1848).

une hospitalité digne d'elle, apprécier les services rendus par chacun à la cause commune du progrès, mesurer les étapes du génie humain, rassembler en champ clos, pour une lutte sans vaincus, des nations qui ne s'étaient rencontrées en corps que sur les champs de bataille, un tel programme eût transporté d'enthousiasme nos pères du xviiie siècle ; ils y eussent salué la suite logique de leurs principes et le couronnement de leurs efforts. Comme bien d'autres idées françaises, celle-ci fut recueillie et appliquée par l'Angleterre : en 1851, la première Exposition internationale s'ouvrait à Londres ; elle réussissait avec éclat et donnait au monde les enseignements les plus utiles comme les plus imprévus (1).

La France suivait bientôt cet exemple : un décret du 8 mars 1853 décidait qu'une Exposition universelle des produits agricoles et industriels s'ouvrirait à Paris le 1er mai 1855 ; un second décret, en date du 22 juin, portait qu'une Exposition universelle des beaux-arts s'ouvrirait en même temps. Cette réunion des beaux-arts et de l'industrie était ainsi motivée : « Un des moyens les plus efficaces de contribuer au progrès des arts est une Exposition universelle qui, en ouvrant un concours entre tous les artistes du monde et mettant en regard tant d'œuvres diverses, doit être un puissant motif d'émulation et offrir une source de comparaisons fécondes ; les perfectionnements de l'industrie sont étroitement liés à ceux des beaux-

---

(1) Voir, pour l'histoire des Expositions universelles, le *Rapport général sur l'Exposition universelle internationale de 1889, à Paris*, par M. Alfred Picard, 1891.

arts ; cependant toutes les expositions des produits industriels qui ont eu lieu jusqu'ici n'ont admis les œuvres des
artistes que dans une proportion insuffisante : il appartient spécialement à la France, dont l'industrie doit tant
aux beaux-arts, de leur assigner, dans la prochaine Exposition universelle, la place qu'ils méritent. »

A l'Exposition de Londres, les choses s'étaient passées
de toute autre façon et en vertu d'une théorie fort bizarre.
Les organisateurs avaient créé une section des beaux-arts,
mais ils en avaient exclu la peinture, pour n'y admettre
que la sculpture, l'architecture et la gravure. Ils expli-
quaient ainsi cette exclusion : « La sculpture fournit ses
artistes à l'industrie pour décorer une pendule, pour
sculpter un meuble ; l'architecture se combine avec l'industrie du potier, du fondeur, et donne les profils et les
dessins de toutes les décorations ; la gravure s'exécute sur
des cuivres et s'imprime avec une presse : ces arts sont
industriels. Tout au contraire, la peinture transmet sur la
toile un ordre d'études, de sujets, de passions, qui sont
étrangers à l'industrie. » Ainsi le peintre, le maître de la
forme et de la couleur, celui qui doit produire au suprême
degré l'illusion artistique, ne peut être d'aucun secours au
tapissier, au céramiste, au décorateur, au graveur et doit
renoncer à toute influence sur l'industrie ! Il y avait là
plus qu'une erreur de classification, il y avait une erreur
de principe, une vieille erreur qui avait provoqué une
profonde décadence de l'art industriel. Lorsque celui-ci
n'est plus sous l'inspiration de l'artiste, il perd, avec le
goût, la faculté de renouvellement ; il tombe dans le mé-
tier. L'art était privé, depuis le premier Empire, de cette

hégémonie nécessaire : aussi la France, qui, à travers le moyen âge, la Renaissance et les deux derniers siècles, avait imprimé la même marque à toutes les manifestations matérielles du beau, depuis la masse architecturale de l'édifice jusqu'aux moindres détails de sa décoration et de son mobilier, le pays où le sens de la grâce avait tout inspiré se trouvait réduit à un art décoratif qui était la négation même de ce qu'il prétendait réaliser. L'excès du mal et le naïf étalage qu'il faisait de lui-même, dans les considérants que je viens de rappeler, devaient heureusement ouvrir les yeux les plus prévenus et provoquer le remède. Les Français qui visitèrent l'Exposition de Londres virent bien vite ce qu'avait produit le divorce de l'art et de l'industrie; l'un d'eux, le comte Léon de Laborde, poussa le cri d'alarme, un cri éloquent, nourri, prolongé, un cri en deux volumes, qui sont encore aujourd'hui le plus riche répertoire d'idées et de faits sur cette question capitale et qui peuvent se résumer dans cette simple et courte vérité : L'art pur a toujours inspiré l'art industriel dans le passé; seul il peut le ressusciter dans le présent; ils étaient unis, ils doivent s'unir encore (1).

En attendant que cette vérité fît son chemin dans la masse des artistes, trop dédaigneux de l'industrie, et des industriels, trop méfiants des artistes, les organisateurs de l'Exposition de 1855 travaillèrent de tout leur pouvoir à en faire la démonstration. Un des plus convaincus, des plus laborieux et des plus énergiques, fut certainement le prince Napoléon. Dès la première séance de la commission impé-

---

(1) *De l'union des arts et de l'industrie*, 1856.

riale, le 29 décembre 1853, il disait : « Pour la première fois, à une Exposition universelle de l'industrie, se trouvera réunie une Exposition universelle des beaux-arts. Il appartient à notre pays de donner l'exemple de cette alliance, qui va si bien à son génie initiateur. » L'Exposition terminée, il voulut que, pour la séance solennelle de distribution des récompenses, le 15 novembre 1855, les chefs-d'œuvre de l'art et de l'industrie fussent réunis dans la grande nef du Palais des Champs-Élysées, et, en présentant son rapport à l'empereur, il revenait en ces termes sur l'affirmation émise deux ans auparavant : « C'est avec intention que j'avais décidé qu'on marierait ainsi l'Art à l'Industrie. Suivant moi, leur réunion caractérise l'époque moderne, et leur fusion intime est un des progrès auxquels nous devons tendre de toute notre énergie (1). »

D'une manière générale, l'action personnelle du prince ne cessa de se faire sentir sur la marche de l'Exposition. Il voyait bien la portée de cet immense effort; il disait, en effet, dans l'introduction du rapport que j'ai déjà cité : « Les expositions universelles sont une nécessité de notre temps. Sans porter atteinte aux nationalités, éléments essentiels de l'organisation humaine, elles fortifient les généreuses influences qui convient tous les peuples à l'harmonie des sentiments et des intérêts. L'observation qui m'a frappé tout d'abord, c'est que de ces grands concours jaillit une fois de plus la preuve que les sociétés modernes doivent marcher vers la liberté. En examinant la prove-

---

(1) *Rapport sur l'Exposition universelle de 1855 présenté à l'Empereur par S. A. I. le prince Napoléon, président de la Commission, 1857.*

nance et l'origine des richesses étalées sous nos yeux, j'ai pu constater que la supériorité industrielle d'une nation dépend par-dessus tout de sa moralité et de son esprit d'initiative individuelle. »

Une fois l'Exposition ouverte, le prince y fit une longue série de visites, dont chacune était l'objet d'un compte rendu détaillé, écrit sous ses yeux et inséré au *Moniteur* (1). Le rédacteur de ces *Visites* les appréciait ainsi : « Ceux qui ont eu l'honneur d'être convoqués à ces revues pacifiques, qui, elles aussi, ont leur solennité, ont apprécié toute l'importance de ces études accomplies au milieu d'une foule immense et recueillie, avec le concours assidu des savants, des commissaires, des chefs d'industrie de toutes les nations. » Il montrait le prince « traversant, au milieu d'une foule immense, recueillie et sympathique, les moindres sections du Palais et des galeries, s'arrêtant devant chaque produit, l'examinant et l'appréciant, interrogeant le maître moins souvent encore que l'ouvrier, voyant tout, touchant à tout. » Je sais bien que, depuis Dangeau, il faut dans ce genre de littérature faire la part des convenances imposées; il n'en reste pas moins que l'action du prince fut aussi laborieuse qu'intelligente.

Son rapport, à lui seul, suffirait à établir cette part d'action. Il est sobre, simple, clair; il dénote la main d'un homme qui avait assez de valeur personnelle pour ne pas

---

(1) Ces comptes rendus, œuvre de M. Adrien Pascal, chef du service de la publicité de la Commission impériale, ont fait la matière de deux volumes publiés sous ce titre : *Visites et études de S. A. I. le prince Napoléon au palais de l'Industrie*, 1855, et *Visites et études de S. A. I. le prince Napoléon au palais des Beaux-Arts*, 1856.

sacrifier aux vanités égoïstes et mesquines. Plusieurs des idées qu'il soutenait et qu'il n'avait pu faire triompher complètement ont subi l'épreuve victorieuse de l'expérience ; après trois Expositions de plus en plus vastes, celles mêmes qui sont mêlées d'erreurs méritent encore la discussion (1).

Au point de vue spécial des beaux-arts, le prince avait conçu le projet de réunir toutes les œuvres marquantes qui s'étaient produites en France depuis 1800, et de présenter ainsi l'ensemble de l'art français pendant la première moitié du siècle. La commission impériale écarta ce projet par crainte d'étendre à l'excès une Exposition qui n'était pour elle qu'une forme du Salon annuel et aussi de dégarnir les musées. Les organisateurs de l'Exposition de 1889 ont été moins timides ; malgré d'inévitables lacunes, malgré quelques classements qui devançaient le goût présent et peut-être celui de la postérité, l'Europe et nous-mêmes ne saurions oublier l'admirable spectacle qui nous a donné la pleine conscience de ce que vaut l'art de notre siècle.

Réduite aux œuvres contemporaines, l'Exposition de 1855 était singulièrement instructive. A côté de Delacroix, qui exposait 38 toiles, Ingres en avait 40, et l'honneur d'une salle spéciale lui était attribué. Je ne prétends pas trancher le procès qui divisera toujours les deux grands rivaux ; je me contente d'envier ceux qui ont pu voir ce spectacle : le maître de la ligne et celui de la couleur représentés par les œuvres maîtresses de leur longue carrière, l'art classique et l'art romantique côte à côte, face à face, luttant

---

(1) Voir le *Rapport*, déjà cité, de M. A. Picard sur l'Exposition de 1889.

loyalement devant l'Europe et la France pour le plus grand honneur du pays. Mais je dois rappeler les préférences du prince Napoléon, car il a pris soin de les attester lui-même d'une manière éclatante. Dans le discours qu'il prononça devant l'empereur, à la distribution des récompenses, il disait : « Dans les beaux-arts, le rôle du jury a été difficile et délicat. Je me suis abstenu d'y paraître et n'ai fait que sanctionner ses choix. J'ai seulement témoigné le désir qu'il me fût permis de proposer à Votre Majesté une haute distinction pour celui de nos artistes qui, suivant la glorieuse tradition des beaux siècles de l'antiquité, a consacré toute sa vie et son talent au genre que, dans mon opinion personnelle, je regarde comme le type éternel du beau. »

Ingres venait, en effet, sur la demande expresse du prince, d'être promu à la dignité de grand-officier de la Légion d'honneur, et certes, pour ceux qui avaient admiré ces chefs-d'œuvre d'invention et de composition, ces modèles de style, de probité, de vigueur et de courage qui s'appellent l'*Apothéose d'Homère*, le *Martyre de saint Symphorien*, le *Vœu de Louis XIII*, les deux *Chapelles Sixtines*, le *Portrait de M. Bertin*, l'initiative du prince était un acte de haute justice, qui honorait à la fois le prince, l'artiste et la France, glorifiée dans ce qu'elle a de plus élevé et de plus durable : la mesure dans la force, la justesse dans l'énergie, la vérité dans l'idéal, la possession de soi-même dans le génie (1).

---

(1) Le prince Napoléon fut aussi nommé président de la Commission de l'Exposition universelle de 1867 ; mais, à la suite du désaveu que lui avait attiré, de la part de l'empereur, un discours prononcé en Corse à l'inau-

Le rôle du prince Napoléon durant l'Exposition universelle avait fait naître chez lui une ambition très légitime,
celle d'appartenir à votre compagnie. Comblé de toutes
les dignités civiles et militaires, blasé sur ces honneurs
qu'il quittait et reprenait tour à tour, au gré de ses dédains
et de ses impatiences, il posa sa candidature à l'Académie
des beaux-arts. C'était la première fois, depuis l'ancien
régime, qu'un prince du sang aspirait à l'égalité académique. On avait vu jadis, en 1753, un frère de M. le Duc,
le comte de Clermont, briguer un fauteuil à l'Académie
française. L'impartiale histoire constate que le comte fut
un médiocre académicien. Dans un corps où l'observation des usages est le premier devoir de tous, il ne voulut
pas se plier à celui qui consacrait cette égalité dont il avait
dit se faire honneur : il esquiva la formalité du discours
de réception et la remplaça par une simple visite, dans
laquelle il fit à ses confrères un petit compliment impro-
visé, reçut son jeton en déclarant qu'il avait envie de le
faire percer pour le porter à sa boutonnière, « comme sa
croix de Saint-Louis d'académicien », mais il s'en tint à
ces « agréables fadaises » et à ces amabilités de huis clos ;
depuis ce jour, il ne parut plus jamais à l'Académie (1).

Chez le prince Napoléon, l'ambition académique fut
plus scrupuleuse et plus suivie : élu le 11 juillet 1857 à la
place d'académicien libre vacante par la mort du marquis
de Pastoret, il remplit exactement les obligations de son
titre, prit part aux travaux de la compagnie autant que le

---

guration de la statue de Napoléon Ier, il donna sa démission de plusieurs
fonctions, et, entre autres, de celle-là.

(1) Voir Sainte-Beuve, *Nouveaux lundis*, t. XI.

lui permettaient ses charges multiples, et, dans vos séances,
sut faire apprécier la vivacité et l'élévation de son esprit ;
cet esprit qu'un critique d'alors, dans un portrait flatteur
et mordant qui fit grand bruit, mais qui, somme toute,
n'était pas pour déplaire au modèle, qualifiait de « puissant, délicat et mobile, qui étonne, attire, inquiète, séduit
sans chercher à séduire, et enchaîne les dévouements
autour de lui, sans rien faire pour les retenir (1) ».

Peut-être, dans les motifs qui conduisirent le prince à
l'Institut, faut-il indiquer encore, pour une part, un souvenir du fondateur de la dynastie et le désir d'être le plus
possible un Bonaparte. On sait que, simple général, en
1797, le futur empereur était entré à l'Académie des
sciences, qu'il avait signé ses proclamations d'Égypte :
« Le membre de l'Institut, général en chef de l'armée
d'Orient », et que, sur le trône, il conserva quelque temps
encore ce titre, en attendant de le remplacer par celui de
« protecteur ».

Depuis le comte de Clermont, depuis le général Bonaparte et le prince Napoléon, l'Institut a vu encore un
souverain et un prince de sang royal siéger parmi ses
membres. Il est permis de dire, sans flatterie, que leurs
procédés à tous font un contraste complet avec ceux du
comte de Clermont, et d'ajouter que, si l'égalité académique avait besoin de recevoir la preuve répétée que l'on
peut être à la fois l'héritier de plusieurs siècles d'histoire

---

(1) Edmond About, *Dernières lettres d'un bon jeune homme; le Salon
de 1861.*

et un confrère d'une haute et simple courtoisie, cette preuve est faite par un même académicien dans trois classes de l'Institut.

Homme de goût, pouvant suivre ses préférences et réaliser ses idées, le prince Napoléon se trouva naturellement conduit, par ses propres tendances et celles qui s'accusaient autour de lui, à poursuivre une tentative originale et qui mérite une mention dans l'histoire artistique de notre temps. Après l'art du premier Empire et le règne gréco-romain de Percier et Fontaine, — plus romain que grec, c'est-à-dire plus fort que gracieux, et assez restreint dans le choix de ses motifs d'imitation, — la révolution romantique avait mis à la mode, pour un temps, les souvenirs d'un moyen âge assez confus et conventionnel. Artistes et hommes de lettres avaient recherché, avec un éclectisme où il entrait plus de mode que de science, tout ce qui portait la marque gothique, meubles, armes, tapisseries, et leurs intérieurs avaient offert assez longtemps l'aspect de musées de Cluny en raccourci, mal classés, où quelques belles choses se mêlaient à beaucoup de pauvretés barbares et de laideurs archaïques. Puis la lassitude était venue, ces collections disparates s'étaient dispersées à nouveau chez les brocanteurs, et la décoration intérieure des appartements avait perdu toute notion du style ; elle s'était faite bourgeoise et lourdement confortable. Il fallut un renouvellement partiel de l'art pour mettre fin à cette éclipse du goût.

Ce renouvellement, comme toutes les évolutions artistiques, ne s'opéra pas d'un seul coup ; il fut l'œuvre du temps et d'influences très diverses, inégales de tendances comme de valeur. Depuis ses débuts jusqu'à sa mort, Ingres n'avait cessé d'opposer au romantisme de la peinture sa propre conception de l'art d'après Raphaël et l'antiquité ; mais, avec ses rares disciples, ce grand convaincu restait un isolé. Et voilà que, peu à peu, sous l'action persistante des études classiques, de l'École des beaux-arts, de l'Académie de France à Rome, par le renouvellement de l'archéologie, grâce au goût des voyages de plus en plus répandu chez nos artistes, par le désir, enfin, de se reposer des sujets violents et sanglants, l'antiquité reparaissait dans les tableaux, tantôt grandiose, tantôt familière, mêlant l'histoire et le genre, les scènes de la vie intime et celles de la rue. Dès 1850, ce mouvement est déjà très sensible : Gleyre et Couture ont donné *les Illusions perdues* et *les Romains de la Décadence*; Hamon, *Daphnis et Chloé* et *l'Affiche romaine*; le peintre des *Jeunes Grecs excitant des coqs* commence cette série de toiles énergiques ou gracieuses qui vont des scènes tragiques du forum ou du cirque aux spirituelles évocations de la vie élégante et de la religion familière ; Chassériau passe d'*Andromède* et de *Sapho* au *Tepidarium de Pompéi*; Paul Baudry donne *le Supplice de la vestale*; Cabanel, *la Nymphe enlevée par un faune* et la *Naissance de Vénus* ; un jeune maître, épris de grâce mythologique, charme les yeux avec l'*Idylle, Arion sur un cheval marin, la Bacchante sur une panthère*. On leur a reproché d'abuser de l'érudition et de l'anecdote, de nous présenter une antiquité trop moderne, trop française ou même trop parisienne, comme si la recherche de la vérité par le détail n'était pas, dans l'art, un besoin aussi légitime que les synthèses historiques, comme si les anciens n'avaient

3

pas leurs heures de détente. Le public sans parti pris leur savait gré de le reposer, par l'esprit de la composition et la couleur lumineuse, des sombres tristesses auxquelles il avait été réduit si longtemps.

L'architecture suivait une évolution semblable, et, sur ce terrain aussi, romantiques et néo-classiques étaient aux prises. Avec beaucoup de science et de chaleur, Lassus et Viollet-le-Duc s'efforçaient de provoquer dans l'art de bâtir une révolution semblable à celle que Victor Hugo et ses amis avaient opérée pour un temps dans la poésie. Mais ils venaient trop tard, à l'heure où touchait à sa fin le mouvement littéraire sur lequel ils s'appuyaient ; il leur manquait la force créatrice, et ils réussissaient mieux à restaurer qu'à élever. Les classiques, qui avaient pris position avant eux, à la suite de Hittorf, se montraient plus heureux avec Duban, Duc, Labrouste, qui étudiaient d'après une méthode exigeante les antiquités pompéiennes et les grandes époques de l'art grec ; avec Vaudoyer, restaurateur original du style byzantin. Leurs œuvres étaient considérables, quelques-unes hors de pair ; jointes à celles qui vinrent un peu plus tard et dont je ne puis nommer les auteurs, car ils sont parmi vous, elles repoussent avec une évidence victorieuse le reproche d'imitation servile trop facilement répété contre l'architecture de notre siècle.

De cette science précise au désir de reconstituer en entier et réellement une époque de l'art antique autrement que par des dessins ou par des imitations de détail, il n'y avait qu'un pas ; mais, pour le franchir, il fallait le concours de deux bonnes volontés dont la réunion n'est pas ordi-

naire : celle d'un architecte à la fois homme d'étude et de
pratique, qui sût non pas copier, mais recréer, et celle
d'un homme de goût assez au-dessus des nécessités ordi-
naires de la vie pour consacrer toute une fortune à une
fantaisie de délicat. Notre confrère M. Alfred Normand
fut cet architecte, — je ne puis faire autrement que de le
nommer, quoique présent, car c'est une nécessité de mon
sujet, — et le prince Napoléon cet homme de goût. Par
la volonté de l'un et le talent de l'autre s'éleva ce palais de
l'avenue Montaigne où l'étude des demeures les plus
complètes de Pompéi donna naissance à une restitution
si exacte et si ingénieuse d'un milieu disparu, que c'était
à la fois une œuvre de science et une œuvre d'art. On eût
dit un musée habitable, car la vie moderne s'y trouvait à
l'aise dans ces distributions anciennes, qui conservaient à
la fois leur nom, leur physionomie et leur usage ; comme
si les besoins de la vie humaine n'étaient distingués, à
travers les divers âges de la civilisation, que par des diffé-
rences de détail ; comme si le beau et l'utile avaient trouvé
leur expression définitive dans cette antiquité, source et
modèle de tout art. Transition délicate entre l'art grec
et l'art romain, trait d'union de deux grandes civilisa-
tions, avec la gaîté sereine de ses peintures et de ses
mosaïques, de ses décorations légères comme la fantaisie grecque et précises comme la raison romaine, la
maison pompéienne respirait ce sentiment universel du
beau et cette joie de vivre qui furent le double charme
du monde ancien. La femme de Diomède pouvait s'éveil-
ler de son sommeil séculaire et dire au seuil de cette
demeure :

... Où suis-je ? Le temps a-t-il cloué sa roue ?
Est-ce une illusion qui de mes yeux se joue ?
Rien ne s'est donc passé pendant mon long sommeil?
Le volcan n'a donc pas vomi son feu vermeil,
Et l'histoire a menti? — Pompéia vit encore !
Ce palais que l'art grec pur et sobre décore
C'est le mien, et mon pas y marche familier ;
Comme un foyer antique, il est hospitalier (1)...

Car la poésie s'était jointe à l'art pour célébrer et peupler cette création charmante. Après le prologue de Théophile Gautier, le plus habile des poètes de ce temps à rivaliser avec l'art de couleur et de précision, une pièce d'Émile Augier, le *Joueur de flûte*, éclairée, elle aussi, par un rayon de la grâce antique, était représentée devant l'empereur et sa cour. Cette soirée brillante fut la dernière fête romaine qu'ait vue Paris sous un prince qui croyait continuer César. C'était au lendemain de Magenta et de Solferino ; tout semblait sourire à la fortune impériale, et les armes qui sonnaient dans l'atrium de Diomède étaient des armes victorieuses. Aussi le poète s'écriait :

Ta villa, Diomède, a, dans ses murs étroits,
Napoléon premier et Napoléon trois !
Le temple est trop petit pour loger deux histoires,
Et j'entends au plafond des ailes de Victoires
Qui passent sur la fête avec des palmes d'or,
Battre et s'enchevêtrer en leur rapide essor :
Il en vient de Crimée, il en vient d'Italie,
Et déjà la maison en est toute remplie !

Démentis de la fortune ! revanche de l'histoire ! Que reste-t-il de tout cela ? Les ailes brisées de ces Vic-

(1) Théophile Gautier, *la Femme de Diomède*, prologue récité par Mlle Favart, le 15 février 1860, à l'inauguration de la maison pompéienne. — Les vers qui suivent ceux-ci sont une très exacte description de cette maison.

toires sont tombées dans l'abîme ouvert sous les pas de la France; l'hôte princier et le visiteur impérial sont morts en exil; le palais lui-même a disparu!

Car elle n'a pu résister, cette image exquise du passé, à la poussée brutale de la vie contemporaine. Abandonnée par son propriétaire, vendue, revendue, plusieurs fois mutilée, elle vient d'être démolie pour faire place à des maisons bien usuelles et bien modernes, alors qu'elle méritait d'être conservée comme un musée. J'ai pu la parcourir, à la veille de la ruine finale, avec l'architecte qui l'avait construite avec amour et qui la voyait tomber avec douleur; douleur poignante, la plus amère qu'un artiste puisse ressentir; et tandis que, par une journée de décembre, en parcourant ces pièces vides, mais toujours riantes, malgré la triste lumière de l'hiver, notre confrère me rappelait l'enthousiasme de sa jeunesse, sa collaboration avec le prince, les fêtes dont il avait été l'ordonnateur et le témoin, le vers mélancolique du poète me remontait à la mémoire :

Sunt lacrymæ rerum et mentem mortalia tangunt.

Au point où j'en suis de ma tâche, messieurs, il ne me reste plus qu'à indiquer devant vous un dernier trait de la physionomie du prince Napoléon. Cet ami de l'art était aussi un ami de la science et des lettres. En 1857, il avait fait dans les mers du Nord un voyage où la recherche scientifique avait autant de part que le seul agrément (1);

---

(1) Les résultats de ce voyage ont été consignés par M. Charles Edmond dans un livre intitulé : *Voyage dans les mers du Nord à bord de la corvette* LA REINE HORTENSE, 1857.

il en commençait un autre en 1870, sur les côtes de Nor-
vège, lorsque la nouvelle de nos premiers revers le rap-
pela brusquement en France. Personnellement lié avec
quelques-uns des libres esprits qui formaient un groupe
d'élite dans la littérature du second Empire, il honorait
en leur personne l'indépendance de la pensée. Il avait
un goût large et sûr, avec une prédilection marquée
pour le théâtre, ce qui n'est pas pour surprendre, car ce
genre réalise l'union la plus complète qui puisse exister
entre la littérature et l'art. Il aimait beaucoup l'histoire,
surtout l'histoire écrite à la façon grecque et romaine, vé-
hémente jusqu'à la passion, où, derrière l'auteur, on sent
toujours un homme, avec ses enthousiasmes et ses haines.
La langue qu'il écrivait était énergique et sobre, avec ce
tour de concision et de plénitude dont Napoléon Ier s'était
fait un style si personnel ; il le rappelait aussi exactement
qu'un effort de volonté peut reproduire la marque sponta-
née du génie. Enfin, il avait toutes les qualités de l'orateur :
autorité pressante du débit, vigueur dialectique du raison-
nement, chaleur colorée de la parole.

Car, à partir de 1861, il profitait de son siège au Sénat
pour exposer sa pensée sur la politique générale de l'Empire, avec une indépendance singulière chez un prince que
tant de llens unissaient à un pouvoir tout personnel. Je ne
passerai pas en revue ces discours retentissants, quoique
sa nature complexe et passionnée s'y montre tout entière,
cela pour les motifs que j'indiquais au début de cette
notice. En 1865, à Ajaccio, il traçait de Napoléon Ier et
des idées napoléoniennes un portrait et un résumé d'une
telle énergie que cette éloquence brûlante faisait scan-

dale ; il éditait la correspondance de l'empereur avec un
grand zèle, mais aussi avec une indépendance critique qui
fut très commentée : il déclarait avoir publié seulement
« ce que l'empereur aurait livré à la publicité si, se survi-
vant à lui-même, il avait voulu montrer à la postérité sa
personne et son système ». Ainsi, partout, la décision
personnelle, le mépris hautain des convenances qu'il pouvait blesser ou des contradictions qu'il pouvait soulever,
un caractère absolu, une volonté intraitable.

Précipité de son rang par la chute de l'Empire, il ne
renonça pas à faire acte de politique, d'écrivain ou d'orateur, et, comme en 1848, la république le vit démocrate à la
Chambre, prétendant dans la presse, aussi énergique dans
son style et dans sa parole. Plusieurs fois encore il prit la
plume ou parut à la tribune pour se défendre ou pour atta-
quer. Son dernier livre, *Napoléon Ier et ses détracteurs*, mérite surtout d'être rappelé pour l'illustration de l'historien
auquel il répondait, l'importance du sujet et sa propre
compétence à le traiter. On peut trouver qu'il n'a pas porté
la discussion sur le meilleur terrain et que l'héritier d'un tel
nom avait autre chose à faire, en un tel sujet, que de dis-
cuter des textes et parfois de remplacer les arguments par
des violences ; ce qu'on ne saurait contester, c'est la flamme
qui brûle dans les pages, le souffle qui les anime, en un
mot le talent d'écrivain qu'elles attestent une fois de plus.
On songe à ces testaments célèbres, écrits pour le bronze
et le marbre, en lisant des lignes comme celles-ci : « Neveu
de Napoléon, j'ai grandi au milieu de siens, j'ai été bercé
par le récit de sa vie, j'ai publié sa *Correspondance*, j'ai en-
tretenu les témoins de son existence, j'ai interrogé ceux

qui s'étaient associés à ses gloires ou qui avaient partagé
ses malheurs... De la retraite où j'écris ces lignes je vois
les montagnes de cette Savoie que j'ai contribué à donner
à mon pays... Je veux adoucir l'exil auquel je suis condamné
en ressuscitant ce passé dont le nom que je porte résume
les gloires et dont les grandeurs évanouies doivent être
pour notre patriotisme une force et une espérance. »

Il était donc exilé, exilé une fois de plus, « comme dans
son enfance » ; même dans le cercueil, cet exil devait se
continuer pour lui. Je ne rappellerai pas sa fin, dans cette
Rome, patrie idéale de sa race, où d'autres Bonaparte
étaient venus chercher, comme lui, les consolations suprê-
mes de leurs malheurs finissants ; elle est présente à toutes
les mémoires. Devant la lutte terrible de sa robuste nature
contre la mort, les amertumes qu'il dut ressentir, son
énergie supérieure à tout, adversaires et amis ne pouvaient
éprouver qu'admiration et pitié.

Je me suis efforcé, messieurs, de retracer la saisissante
figure du confrère que vous avez perdu, dans la mesure
dont l'objet de cette notice me faisait un devoir. Je l'ai fait
avec le respect que mérite un homme de ce rang, de cette
nature et de cette valeur, avec le souci de la seule vérité.
Je suis assuré de traduire, en finissant, la pensée de votre
compagnie, si j'ajoute que, prétendant et démocrate, héritier mécontent d'un grand nom, révolté contre une haute
fortune, homme d'État plus clairvoyant que ferme en ses
desseins, nullement soldat, mais ayant à l'occasion le coup
d'œil d'un homme de guerre, écrivain et orateur de race,
en un mot une des natures les plus riches en contrastes que
nous offre l'histoire, le prince Napoléon Bonaparte dut aux

lettres, aux sciences et à l'art les heures les plus douces
peut-être de son existence troublée. Il aimait bien ces no-
bles choses et il les servit de son mieux ; elles l'ont récom-
pensé par les consolations qu'elles procurent toujours et
par l'honneur de vous avoir appartenu, le seul que la Fortune n'ait pu lui prendre et le dernier qu'il ait conservé
dans son pays.

Paris. — Typographie de Firmin-Didot et Cⁱᵉ, impr. de l'Institut, rue Jacob, 56. — 28582.

83